BEI GRIN MACHT SICH IHR WISSEN BEZAHLT

- Wir veröffentlichen Ihre Hausarbeit, Bachelor- und Masterarbeit

- Ihr eigenes eBook und Buch - weltweit in allen wichtigen Shops

- Verdienen Sie an jedem Verkauf

Jetzt bei www.GRIN.com hochladen und kostenlos publizieren

Hans-Jürgen Borchardt

Der Schlüssel zum Erfolg: Zielführend kommunizieren

Missverständnisse vermeiden und motivieren

GRIN Verlag

Bibliografische Information der Deutschen Nationalbibliothek:

Die Deutsche Bibliothek verzeichnet diese Publikation in der Deutschen National-
bibliografie; detaillierte bibliografische Daten sind im Internet über http://dnb.d-
nb.de/ abrufbar.

Dieses Werk sowie alle darin enthaltenen einzelnen Beiträge und Abbildungen
sind urheberrechtlich geschützt. Jede Verwertung, die nicht ausdrücklich vom
Urheberrechtsschutz zugelassen ist, bedarf der vorherigen Zustimmung des Verla-
ges. Das gilt insbesondere für Vervielfältigungen, Bearbeitungen, Übersetzungen,
Mikroverfilmungen, Auswertungen durch Datenbanken und für die Einspeicherung
und Verarbeitung in elektronische Systeme. Alle Rechte, auch die des auszugsweisen
Nachdrucks, der fotomechanischen Wiedergabe (einschließlich Mikrokopie) sowie
der Auswertung durch Datenbanken oder ähnliche Einrichtungen, vorbehalten.

Impressum:

Copyright © 2010 GRIN Verlag, Open Publishing GmbH
Druck und Bindung: Books on Demand GmbH, Norderstedt Germany
ISBN: 978-3-640-75706-0

Dieses Buch bei GRIN:

http://www.grin.com/de/e-book/161893/der-schluessel-zum-erfolg-zielfuehrend-
kommunizieren

GRIN - Your knowledge has value

Der GRIN Verlag publiziert seit 1998 wissenschaftliche Arbeiten von Studenten, Hochschullehrern und anderen Akademikern als eBook und gedrucktes Buch. Die Verlagswebsite www.grin.com ist die ideale Plattform zur Veröffentlichung von Hausarbeiten, Abschlussarbeiten, wissenschaftlichen Aufsätzen, Dissertationen und Fachbüchern.

Besuchen Sie uns im Internet:

http://www.grin.com/

http://www.facebook.com/grincom

http://www.twitter.com/grin_com

Der Schlüssel zum Erfolg. Zielführend kommunizieren.
Wenn heute von Kommunikation gesprochen wird, ist fast immer die
Werbung gemeint. Das ist aber viel zu kurz gedacht, denn Kommunikation
ist vielmehr. Kommunikation beeinflusst Ihren Unternehmenserfolg viel
nachhaltiger, als es auf den 1. Blick aussieht.

Das richtige Wort zur richtigen Zeit kann Zustimmung, Begeisterung,
Motivation, Bestätigung auslösen. Das falsche Wort am falschen Platz kann
Auslöser für Missstimmung, Ablehnung oder gar Feindschaft sein.
Unbedachte Äußerungen und Formulierungen im beruflichen Alltag sind
häufig der Grund für Missverständnisse und Demotivation oder führen zu
der Einstellung „Rutsch mir doch den Buckel runter".

Drei simple Beispiele zeigen, wie nachhaltig Kommunikation den Erfolg
beeinflusst.

Beispiel Mitarbeitergespräch
Ein guter Kunde erwartet für eine wichtige Arbeit eine schnelle und perfekte
Ausführung und Abwicklung. Sie wollen oder können die Arbeit aus
wichtigen Gründen nicht selbst übernehmen und setzen deshalb einen
Mitarbeiter ein. Die meisten Chefs informieren den ausgewählten Mitarbeiter
so oder so ähnlich: „Karl, du musst morgen um 8°° Uhr bei Firma XYZ sein.
Melde dich bei Herrn Müller, der erwartet dich und wird dir sagen, was
gemacht werden muss. Der Mitarbeiter antwortet: „OK Chef" und die Sache
ist erledigt.

Am nächsten Tag erscheint der Mitarbeiter pünktlich und fragt bei Herrn
Müller nach der Arbeit. Herr Müller fragt den Mitarbeiter, ob der Chef ihn
schon über die Arbeit informiert hätte. Dieser antwortet wahrheitsgemäß
mit „nein". Im selben Moment ist Müller befremdet, weil für diese wichtige
Arbeit ein Mitarbeiter ohne Vor-Information kommt. Sofort tauchen auch
Zweifel auf, ob sein Problem überhaupt „ernst" genommen wird, ob der
Geschickte der Richtige ist oder ob er als unwichtiger Kunde eingestuft wird.
Durch diese mangelnde Kommunikation wurden beim Kunden Zweifel
geweckt, die dann auch noch ihre Bestätigung finden, wenn die Arbeit (nach
seiner Meinung) nicht zur 100%igen Zufriedenheit ausgeführt wurde.

Wäre sich der Chef der Bedeutung seiner Kommunikation bewusst, hätte er
seine Arbeitsanweisung für den nächsten Tag etwa wie folgt formuliert:
„Karl, morgen ist bei der Firma XYZ, einem guten Kunden, eine wichtige
Arbeit zu erledigen. Dort setzt eine Förderpumpe immer wieder aus. Nimm
bitte die evtl. Ersatzteile mit."

Wenn der so informierte Mitarbeiter sich am nächsten Tag bei Herrn Müller
meldet und ebenfalls gefragt wird, ob er informiert sei, ergibt sich ein völlig
anderer Ablauf des Gespräches. Der Mitarbeiter antwortet auf die gleiche
Frage „Ja, natürlich, ich bin informiert. Ich habe auch gleich die möglichen
Ersatzteile mit gebracht, damit wir keine Zeit verlieren."

Es ist klar, dass sich Herr Müller in diesem Fall als wichtiger Kunde fühlt und das Gefühl hat, dass alles getan wird, ihm schnell und kompetent zu helfen. Damit ist nur durch die Kommunikation eine völlig andere, positive Situation entstanden, die weder Geld noch Zeit gekostet hat.

Beispiel Kundengespräch
Ein Interessent meldet sich telefonisch bei den Web-Designern „A", „B" und „C" und bittet jeden um einen Besuch, weil er einen Auftrag für die Überarbeitung seines Internetauftritts vergeben will. In allen drei Fällen wird ein Termin vereinbart und man verabschiedet sich.

Der Interessent hat sich schon lange mit dem Thema beschäftigt und für sich bereits ein neues Konzept erarbeitet. Er geht davon aus, dass der Web-Designer, der den Auftrag bekommt, nur noch die Seiten mediengerecht gestalten muss.

Web-Designer „A" erscheint pünktlich zum vereinbarten Termin. Der Auftraggeber stellt die Aufgabe und sein Konzept vor. Der Designer erkennt, dass in dem Konzept gravierende Fehler sind. Um seine Kompetenz zu demonstrieren und um eine gute Arbeit zu erbringen sagt er: „Da haben sie ja schon viel vorgedacht, aber so geht nicht. Das muss ganz anders gemacht werden." Mit diesen zwei Sätzen hat er den Auftrag bereits verloren, denn der Auftraggeber fühlt sich überrollt. Er glaubt, dass er sein Geschäft, seine Kunden kennt und weiß, was man ihnen wie sagen muss. Und jetzt kommt da ein „Kreativer" und sagt ihm ziemlich direkt, dass er keine Ahnung hat.

Web-Designer „B" erscheint ebenfalls pünktlich zum vereinbarten Termin und wieder stellt der Auftraggeber sein Konzept vor. Auch er erkennt, dass in diesem Konzept Fehler sind, die vermieden werden müssen, wenn der Auftritt das gewünschte Ziel erreichen soll. Er will den Auftrag haben und sagt: „Prima, Sie haben gut vorgedacht und ich finde ihr Konzept gut. Ich mache das so für sie."

Jetzt kommt „C". Wieder der gleiche Ablauf. Sein Kommentar nach der Vorstellung des Konzepts ist folgender: „Prima, aber vielleicht kann ich noch etwas verbessern. Sagen sie mir noch einmal ganz genau, was sie mit dem neuen Auftritt erreichen wollen, damit ich konstruktiv mitdenken kann. Gemeinsam erstellen wir ein Organigramm (Organisationsschaubild), aus dem sie dann auf einen Blick den Aufbau, die Verknüpfungen und die möglichen Abläufe erkennen können. Dann können wir Schritt für Schritt prüfen, ob es noch Verbesserungsmöglichkeiten gibt."

Bei der Erstellung des Organigramms, an dem der Auftraggeber mitarbeitet, erkennt er, dass der Aufbau nicht optimal ist und kann die Korrekturen teilweise selber vorschlagen. Er erkennt den Sachverstand des Designers und ist positiv überrascht, wie er in den Optimierungsprozess eingebunden wurde. Seine Fehler wurden ihm nicht vorgehalten und es wurde auch nicht versucht, seine Unwissenheit auszunutzen.

Auch dieses Beispiel zeigt, dass Kommunikation nicht bedeutet, sein eigenes Wissen zu demonstrieren oder dem Auftraggeber einfach zuzustimmen. Richtige Kommunikation bedeutet die Interessen und Intentionen des Gesprächspartners zu erkennen und in die eigenen Überlegungen zielführend einzubinden.

Beispiel Lieferantengespräch
Zwei Handwerkerbetriebe möchten von ihren Lieferanten bessere Konditionen. Betrieb „A" wartet, bis der Außendienst-Mitarbeiter des Lieferanten ihn wieder besucht und sagt: „Ich will meinen Umsatz erhöhen. Damit ich wettbewerbs-fähiger werde, stelle mir vor, dass ich jetzt neue Konditionen bekomme, z. B. 3% Bonus." Da der Außendienst-Mitarbeiter über derartige Konditions-veränderungen gar nicht entscheiden kann, lautet seine Antwort: „Da muss ich meinen Chef fragen."

Wenn jetzt ein „Nein" vom Lieferanten kommt, ist der Fall abgeschlossen. Entweder wechselt „A" den Lieferanten oder er hat auch in Zukunft „schlechte Karten", weil der Lieferant weiß, dass „A" bei Absagen keine Konsequenzen zieht.

Handwerkerbetrieb „B" geht dagegen ganz anders vor. Er sagt dem Außendienst-Mitarbeiter des Lieferanten: „Ich möchte unsere Zusammenarbeit weiter entwickeln und meine (Marketing-)Aktivitäten ausbauen, wie können Sie mir dabei helfen?"

Durch diese Formulierung ist eine völlig andere Situation entstanden. Der Lieferant ist in Zugzwang und muss ein Angebot entwickeln. Dieses Angebot kann „B" kann z. B. annehmen und trotzdem über weitere Verbesserungen verhandeln.

Fazit:
Vergessen Sie nicht, Sie kommunizieren immer, auch wenn Sie nichts sagen, wird Ihr Schweigen interpretiert. Also ist es sinnvollvoll, diesen Prozess zum eigenen Vorteil zu gestalten, denn nur wer richtig kommuniziert, gewinnt neue Informationen und damit neues Wissen. Und wer mehr weiß, kann bessere Entscheidungen treffen.

Hans-Jürgen Borchardt
Juni 2010